Stephan de Vogel

FC St. Pauli

**(kam wie Phönix aus der Asche,
und steckte alle in die Tasche...)**

Ein Fußballmärchen?

Die Fortsetzung

Gedichte zur Rückrunde der Saison 2021/2022

1. Auflage Juli 2022
© by Stephan de Vogel
Herstellung und Verlag:
BoD – Books on Demand, Norderstedt
ISBN: 9783756201969
Bildrecht auf dem Cover: Pexels
Bildrecht Seite 123: Stephan de Vogel
Bildrecht Seite 124: Witters GmbH
Bildrecht Seite 125: Christian de Vogel
Bildrechte Seiten 126,128 + 130-32: Pexels
Bildrecht Seite 127: Pixabay

Kontaktadresse: StdeVo1@aol.com

Vorwort 2021

Die Erinnerung ist das einzige Paradies, aus dem wir nicht vertrieben werden können, heißt es in einem berühmten Ausspruch.

Seit etwa 35 Jahren gehe ich zu den Spielen des FC St. Pauli. Und wenn ich etwas über dieses Zeit sagen kann, dann, dass man als St. Pauli-Fan Kummer ganz einfach gewohnt ist...

Das Fußball-Jahr 2021 und die Zweitliga-Saison 2021/2022 sind etwas ganz besonderes gewesen. Und ich werde mich immer wieder gerne daran erinnern, wenn es bei Pauli mal wieder so läuft, wie es gefühlt fast immer gelaufen ist. Es kam nicht selten vor, dass es entweder gegen den Abstieg oder gegen den Aufstieg ging (-; So fühlte es sich für mich als Fan zumindest oft an.
Aber vielleicht ist nun doch alles ganz anders! Ich brauchte auch eine relativ lange Zeit, um zu begreifen, dass bei St. Pauli wirklich guter bis sehr guter Fußball gespielt wird. Das Jahr 2021 ist fast beendet, während ich dies hier schreibe.
Was wird die Zukunft bringen? - Ich weiß es nicht, aber es war unsagbar schön, dieses Fußballahr und diese Hinrunde erleben zu dürfen. Und ich weiß nicht, ob ich als Fan noch so ein gutes Jahr aushalten könnte... Ich wäre aber bereit dazu, das auf mich zu nehmen...
Genug der Vorrede, viel Spaß beim Lesen!

Vorwort 2022

Das Vorwort habe ich im Winter geschrieben, nun ist Sommer. Und so kann ich es nicht stehen lassen. In der Rückrunde ist sehr viel geschehen.
Die Hinrunde war wie ein schöner Traum gewesen. Aber es war wohl auch eine Überdosis Fußballmärchen. Und ab und an war ich echt frustriert. Wenn es mit dem Aufstieg auch nicht geklappt hat, so ist aber die sportliche Entwicklung und insbesondere die Entwicklung der Spieler beim FCSP sensationell!
Außerdem tut ein bisschen Fußballromantik ja auch gut; ich sag nur: Asterix und Obelix und das kleine gallische Dorf...
Es fiel mir nicht immer leicht, meinen Humor zu behalten. Aber es ging.. Als kleinen Tipp nenne ich das TikTok-Video mit dem Fußballfan, der auf der Straße sein Fahrrad schiebt: „Warum schiebst du denn dein Fahrrad?" - „Ich kann nicht aufsteigen, ich bin aus Hamburch!" (-;
Letztendlich hatten St. Pauli und der HSV zum Schluss beide nichts zu lachen. Wobei es nicht einfach ist, zu sagen, was schlimmer ist: Erst in der Relegation zu scheitern nach starker Aufholjagd oder eben wie beim FC St. Pauli nach und nach den Aufstieg zu verdaddeln. Das hängt wohl auch damit zusammen, zu welchem Fanlager man gehört...
Und nun sei es genug gewesen
Und noch einmal: Viel Spaß beim Lesen!

18. Spieltag
Kiel : St. Pauli (3:0)
Ein kleiner Dämpfer

Ein kleiner Dämpfer
für Pauli-Kämpfer
Aber ich nehm es mit Humor
(so offen wie ein Scheunentor...)

Und laber, laber, laber,
ich sage trotzdem <u>Aber</u>
Auch andere können das Fußballspiel,
auch Störche (die von Holstein Kiel)

0:3 zurück in Hälfte 1,
und Glück hatten wir leider keins
Aber nehm ich mir das zu Herzen?
Egal, gleich trinke ich ein Märzen

Auch später dann, in Halbzeit 2,
bin ich in Konferenz dabei

Ein 0:3, ich mag nicht mehr,
da hilft das Märzen nicht so sehr
Ich spiel Hells Bells mit der Gitarre,
während ich in die Glotze starre

Aber trotzdem sage ich:
Immer gewinnen kann man nicht!
Nicht alles ist halt wunderbar
in Paulis allerbestem Jahr

2. Halbzeit...

Ein großer Schluck vom Märzen-Bier
noch steht es hier nicht 0:4
Nur 3:0 für Holstein Kiel,
deshalb sauf ich jetzt kein Pril

Es ist wirklich total schön:
ich kann endlich wieder sehen,
aber es tut richtig weh,
wenn ich ein Spiel wie dieses seh

Wir haben heute keinen Lauf,
aber wir stehen wieder auf!

Und weil das echt frustrierend war,
nun die Tabelle vom ganzen Jahr
Im Januar kommen wir dann wieder
als Meister von der 2. Liga

#	Verein	Spiele	G	U	V	Tore	+/-	Pkt.
1	FC St. Pauli	40	23	6	11	73:55	18	75
2	Darmstadt 98	39	21	5	13	79:52	27	68
3	Hamburger SV	39	15	17	7	75:45	30	62
4	1.FC Heidenheim	39	19	5	15	55:57	-2	62
5	Karlsruher SC	39	15	16	8	63:53	10	61
6	SC Paderborn	39	14	14	11	67:51	16	56
7	Holstein Kiel	39	15	10	14	58:54	4	55
8	1.FC Nürnberg	39	14	13	12	52:55	-3	55
9	F. Düsseldorf	39	14	11	14	59:53	6	53
10	Jahn Regensburg	39	13	10	16	55:61	-6	49
11	Hannover 96	39	12	9	18	52:64	-12	45
12	VfL Bochum	21	14	2	5	42:25	17	44
13	Greuther Fürth	21	11	7	3	44:29	15	40
14	SV Sandhausen	39	11	7	21	49:69	-20	40
15	Erzgebirge Aue	39	10	9	20	39:68	-29	39
16	FC Schalke 04	18	9	3	6	34:23	11	30
17	Werder Bremen	18	8	5	5	32:25	7	29
18	Dynamo Dresden	18	7	1	10	20:25	-5	22
19	Würzb. Kickers	22	5	6	11	25:41	-16	21
20	Hansa Rostock	18	5	5	8	21:31	-10	20
21	E. Braunschweig	21	4	7	10	17:30	-13	19
22	VfL Osnabrück	21	4	2	15	19:41	-22	14
23	FC Ingolstadt	18	2	4	12	14:37	-23	10

Ein frohes Pauli-Weihnachtsfest

Als Pauli-Fan nur wenig Stress,
es gibt ein schönes Weihnachtsfest
Ein Schuss vorn Bug zur rechten Zeit
schützt vor zu viel Besinnlichkeit

Nun werden die Akkus aufgeladen,
und das kann sicherlich nicht schaden
Weihnachten kann Schampus fließen
(den Stand der Dinge mal genießen)

Und sich nicht übers Spiel beklagen,
es geht nicht ohne Niederlagen
Und dankbar blicke ich zurück:
Das Jahr war ein Husarenstück

Ein Jahr mit Power und viel Mut,
und Pauli kickte meistens gut
Ich vergess nicht, woher wir kommen,
nach Schiffbruch sind wir weit geschwommen

Aber jetzt sind wir am Strand,
die Sonne scheint im Pauli-Land

Bonmot für die, die Pauli lieben:
Die Zukunft ist noch nicht geschrieben!

Eine schöne Erinnerung:
Wir waren jung...

Wir waren jung, es gab nichts, das uns quälte
Der FC St. Pauli war alles, was zählte
Lebten in Liebe und Anarchie,
und Frieden war nie eine Utopie

Feiern und Tanzen, nächtelang,
wir waren damals *Forever Young*
Wir liebten uns und auch das Leben,
wir dachten, es würde uns *immer* geben

Wir hatten uns so viel getraut,
ich krich noch immer ne Gänsehaut
Wenn ich an damals zurück denk,
dann ist das so wie ein Geschenk!

Wir haben uns lange nicht gesehn,
doch das mit uns war wunderschön
Zwei Träumer, die in Wolken schweben,
was war für ein megageiles Leben

Das ist lang her, Vergangenheit,
doch es war eine schöne Zeit
Wahre Liebe endet nie,
und es war mehr als Sympathie

Für uns war immer Sommerwetter,
und tausende Kalenderblätter
sind seitdem durchs Bild gezogen -
Die Zeit ist irgendwie verflogen

Und wenn wir uns einst wiedersehen,
werden wir uns sofort verstehen
Die Zeit ist uns davongerannt,
doch unsre Seelen bleiben verwandt

Die Gedanken sind am Wandern,
fern in die Vergangenheit
Wir waren anders als die andern
in unserer Einmaligkeit

Tauch ich so in der Zeit zurück,
spür ich es noch, das ferne Glück
Glück ist mir heut nicht unbekannt,
aber es war ein andres Land

Das Land können wir nicht mehr erreichen,
aber im Herzen sind wir die Gleichen
Und in der Erinnerung,
da sind wir noch immer jung

Das Alter klopft an meine Türen,
aber das kann mich nicht berühren,
die Gedanken, die sind frei -
Ich bin hier – du bist dabei!

Ich bin ja einer, dem Science Fiction gefällt:

In einer parallelen Welt,
die man auf dieser Welt nicht kennt,
da haben wir uns nie getrennt
Und da gab es ein Happy End...

Frohe Weihnachten

Alles so traurig, aber wahr? -
bei Pauli ist da 0 Gefahr!
Für uns, da war das Jahr nicht hart,
dazu vom Sportchef ein Zitat:

Ich finde, dass das ganze Jahr
ein einziger Höhepunkt war!
Mehr kann man dazu wohl nicht sagen,
da wär kein Grund, sich zu beklagen

Der Höhepunkt: emotional,
das ist hier mal nicht ganz egal -
ein sexueller ist nicht gemeint
(ein Jahr lang anstrengend erscheint)

Nächstes Jahr ist nächstes Jahr,
es wird auch wieder wunderbar
Anstrengend auch, das ist ja klar,
vielleicht werden wieder Wunder wahr...

Und wer nur an heute denkt,
der weiß, wir wurden reich beschenkt:
Ein richtig Frohes Weihnachtsfest,
auf Platz 1 und ohne Stress

Jahresrückblick

Das Jahr neigt sich dem Ende zu,
war fast zu schön um wahr zu sein
Pauli und Siege waren per du
(der etwas andere Verein(-;)

Ich weiß nicht, was das Morgen bringt
und will es gar nicht wissen
Und ob der Aufstieg uns gelingt?
Ja, wer kann *das* schon wissen?

Dankbar blicke ich zurück,
da war auch Können, nicht nur Glück
Und es war fast immer schön,
sich unsere Spiele anzusehen

Vor einem Jahr waren wir ganz unten,
und alle Hoffnung schien verschwunden
Doch das hat sich alles gedreht,
weil Pauli ganz weit oben steht

Wir schauen weiter von Spiel zu Spiel,
von Heidenheim bis rauf nach Kiel
(im Kieler Fall wohl eher runter,
denn in Kiel, da gingen wir unter...)

In Demut mache ich die Welle,
und hier die Hinrundentabelle:

#								Diff.	
1		St. Pauli	17	11	3	3	37:20	17	36
2		Darmstadt	17	10	2	5	39:20	19	32
3		Hamburg	17	7	8	2	30:17	13	29
4		Schalke	17	9	2	6	33:22	11	29
5		Regensburg	17	8	4	5	35:26	9	28
6		Paderborn	17	7	6	4	30:19	11	27
7		Nürnberg	17	7	6	4	24:20	4	27
8		Heidenheim	17	8	3	6	21:23	-2	27
9		Bremen	17	7	5	5	28:24	4	26
10		Karlsruhe	17	6	6	5	29:26	3	24
11		Dresden	17	7	1	9	20:22	-2	22
12		Düsseldorf	17	5	5	7	23:24	-1	20
13		Hannover	17	5	5	7	13:23	-10	20
14		Rostock	17	5	4	8	19:29	-10	19
15		Holstein Kiel	17	4	6	7	20:30	-10	18
16		Aue	17	3	5	9	14:27	-13	14
17		Sandhausen	17	3	5	9	19:36	-17	14
18		FC Ingolstadt	17	1	4	12	11:37	-26	7

Das Freudenhaus - Ein Geisterhaus

Corona-Zahlen gehen durch die Decke,
nicht gut für eine Paulizecke
Das ist komplett ohne Humor:
Pandemie und Millerntor

Und wenn man die Zahlen sieht:
Hamburg? - Hochrisikogebiet
Was einen bei Omicron nicht wundert
7-Tageinzidenz 500

Und was wir Fans alle so lieben,
das müssen wir deshalb verschieben
Das gibt Corona halt nicht her,
die Stadien, sie bleiben leer

Traurig aber wahr, so sieht es aus:
Das Freudenhaus? - Ein Geisterhaus
Gesundheit, Höchstes aller Ziele,
deshalb ein Monat Geisterspiele

Ich hoff, ich bleib weiter dabei,
bei meiner Pauli-Schreiberei,
dass meine Asthma-Lunge hält,
auch wenn Coronas Fallbeil fällt

Ich hoffe, es ist noch nicht Schluss,
das Dichten, war stets ein Genuss!

Riskante Heimat

Was ist Hamburg?
(So ein Schiet):
Ein Hochrisikogebiet

Corona,
so ist es leider hier,
ist voll die Seuche,
nicht nur Bier

Ein Ende ist
nicht abzusehen,
und trotzdem ist
das Leben schön!

Und egal, was kommen mag,
genieße einfach jeden Tag

Selbst voll im Stress,
und immer eilig,
ist das Leben
dennoch heilig

Hochinzidenz in unserm Land,
die Zukunft, sie ist unbekannt
Also ist es einfach klug:
Freu dich an jedem Atemzug

Mag das auch
bescheuert klingen:
Freu dich an
den kleinen Dingen

Auch *dieser* Tag
kommt nie zurück,
also tu was
für dein Glück

Das Glas halbvoll
oder halbleer?
Die Antwort ist
doch nicht so schwer (-;

Verfluch mich gern,
hau mir aufs Mauli,
das Glück ist auch
FC St. Pauli

Und sicher ist, (und nicht so schön):
Irgendwann müssen wir gehen

Weil wir nun mal nicht ewig leben
Drum feier viel, geh einen heben
Gib deinem Leben einen Sinn,
dann wird das Ende nicht so schlimm...

Zwischen Happyness und Dichterstress...

Diese Woche: What a mess!
Auch Fußballdichter haben Stress..
3 Topspiele in nur 7 Tagen,
ganz schön viel, könnte man sagen

Und ich, ich muss davon berichten
in (hoffentlich) guten Gedichten
Und dabei bin ich nicht neutral,
ein Fan, das bin ich jedes Mal

Aue, Dortmund, HSV
Und 3 x siegen?
Weiß nicht genau

Was auch in dieser Woche steht:
Wohin St. Paulis Reise geht
Geht es weiter, dieses Wunder,
oder gehen wir auch mal under?

Aue steckt im Abstiegskampf,
vielleicht wird *das* Spiel heut ein Krampf
Dann Dortmund, DFB-Pokal? -
Die Gegner sind uns eh egal!

Am Freitag dann das Stadtduell,
und Pauli sagt: Welcome to hell!

19. Spieltag
St. Pauli : Aue (2:2)

Ich nenn es Glück

Das war gerade ein Punktgewinn,
und das nehme ich gerne hin
Die Nachspielzeit, wir lagen zurück,
dann der Ausgleich, das war Glück

Zu Haus noch immer ungeschlagen,
warum soll ich mich beklagen?
Weil man Glück auch so versteht,
dass man ein Spiel gleich 2 x dreht

Haltet mich gern für bekloppt,
im Hintergrund läuft ZZ Top,
sagt gern, ich hätte einen Spleen:
Ich glaub noch immer an das Team

Wir kommen aus der Tiefe,
wir kommen aus dem Schacht
Wismut Aue, die neue Fußballmacht

Gegen Aue war's nicht leicht,
das Maximale wurd erreicht

Wenn mein Pauli nicht verliert,
dann bin ich nun mal nicht frustriert
Deshalb werd ich mich nicht besaufen,
ich gehe raus, und zwar zum Laufen!

Zwischenfazit vor dem 20. Spieltag

Pauli kann nicht viel passieren,
den 1. Platz können wir verlieren
Das wär nicht mal ein Griff ins Klo,
nur Jammerei (höchstes Niveau)

Der Punktgewinn
ist mir schon lieber
Und jetzt bin ich
im Derbyfieber!

DFB-Pokal Achtelfinale
St. Pauli : Dortmund (2:1)

Das Märchen geht weiter...

David gegen Goliath,
für Dortmund war das richtig hart
St. Pauli spielt sensationell,
für Dortmund war's *Welcome to Hell*

Wir haben heute gut gebolzt,
und ich bin unendlich stolz!
Das muss ich erstmal sacken lassen:
Pauli ist echt nicht mehr zu fassen

Und in 3 Tagen der HSV -
Wer war das noch einmal genau?
Die Nummer 2 der Stadt, so heißt er,
und Freitag bleiben wir Stadtmeister

Das beste Spiel wohl seit Jahrzehnten,
wonach sich Paulis Fans auch sehnten,
dass eins der besten Teams der Welt
bei Pauli auf die Schnauze fällt

Alle anderen sind egal,
und nur St. Pauli rockt total!
Freibeuter mit Piraten-Power,
wir machten Dortmund großes Aua

Wir spielen in einer anderen Liga
sind jetzt auch DFB-Pokal-Sieger-Besieger
Ach, alles Quatsch: Wir waren sehr gut,
und das macht für die Zukunft Mut!

Am Tag vor dem Derby
Mit Demut blicke ich zurück

Im August im letzten Jahr
war vor dem Derby alles klar
Die Stimmung gut bis so lala

Der Derbysieg – ein schöner Tag
Und dann mein kleiner Schicksalsschlag
Eigentlich war alles schön,
aber ich konnte kaum mehr sehen

Das Auge war total im Eimer,
nicht gut für einen Pauli-Reimer
Und doch ließ ich es dann nicht bleiben,
konnte nicht lesen, aber schreiben

Eigentlich war ich weit unten,
und hatte viele „dunkle" Stunden
Trotzdem wurd's besser als zuvor,
im Leben und am Millerntor

You'll never walk alone ist Glück -
mit Demut blicke ich zurück
Die Gläser seitdem oft halbvoll,
nie mehr halbleer, das ist doch toll!

Endlich ist es so weit: Lokalderby 2. Teil
Oder: Auf dass der Bessere gewinne

Ich will aber nicht, dass der Bessere gewinnt! Ich
will, dass der FC St. Pauli gewinnt...

20. Spieltag
HSV : St. Pauli (2:1)

Ein kleiner Traum, leider zerronnen,
(Ich hätte heut so gern gewonnen...)
Stadtmeisterschaft ist nun wohl fort,
aber es war ganz großer Sport

Diesmal sah ich nicht verschwommen,
ich vergess nicht, woher wir kommen:
Schon 1 ½ Jahre, ein sehr gutes Projekt,
ich weiß, was in St. Pauli steckt!

Aus dem Fan-Herz tropft mein Blut,
egal, wir waren noch nie so gut!

Zum Schluss hätten wir es fast gepackt,
aber leider lief's beknackt
Spitzenkeeper auf beiden Seiten,
Wer besser ist? - Ihr könnt euch streiten

Wir mussten nun verlieren hier,
aber die Besten, das sind wir (-;

(Opti-) Mist!

Ich weiß, dass Leben heilig ist
Natürlich bin ich Optimist
Ich lass mir nicht den Tag versauen,
von diesem blöden Fußball-Schauen

Drei Jahre hat der Underdog
Hamburg als Stadtmeister gerockt
Das ist vorbei!
(bin nicht geschockt)

Aber es kann schon frustrieren,
gegen Rothosen zu verlieren
Die werden jetzt wieder überheblich
(ohne nen Grund; ist unerheblich!)

St. Pauli spielt ne andere Liga,
gestern waren wir nicht der Sieger
Unser Projekt geht einfach weiter
(Ein Sonnenstrahl!), ich bleibe heiter

Wir sind auf einem guten Weg,
egal, was man erzählen mag!
Die Pleite ist kein Sakrileg,
und heute ist ein schöner Tag!!!

Ein hoher Preis

Stadtmeisterschaft ist weg, oje
Der 1. Platz ist auch passé
Ein hoher Preis war zu bezahlen,
Dortmund zu schlagen, brachte Qualen

Das kostete uns zu viel Kraft,
deshalb haben wir es nicht geschafft,
auch gegen HSV zu siegen
(man kann nicht immer alles kriegen...)

Ich spüre heute keinen Verdruss,
und abgerechnet wird zum Schluss,
am letzten Spieltag wird man sehen,
wo wir in der Tabelle stehen

Man kann nicht immer alles haben,
ich will auch gar nicht zu tief graben
Aber Dortmund zu bezwingen,
das muss man auch erst einmal bringen!

Die Rückrunde, wir werden sehen,
wo wir dann am Ende stehen
3 Spiele 2 Punkte, wir waren dabei,
das reichte trotzdem für Platz 2

Wie sagte noch der Terminator?
I'll be back! So: See you later!!!

Ein fußballfreies Wochenende, da ist mal Zeit für Dinge, die ich sonst nicht schaffe. Zum Beispiel, meine Steuererklärung zu erledigen. (-;

Oder über die wirklich wichtigen, grundlegenden Fragen des Lebens nachzudenken: Ob es denn beispielsweise *so* schlimm ist, nicht mehr Derbysieger und Stadtmeister zu sein... Mh, das ist eine gute Frage!

Passend dazu: Neben meinem Schreibtisch steht ein großer Bilderrahmen, in dem eine Doppelseite der Bild-"Zeitung" aus dem Jahr 2011 steckt. In Großbuchstaben steht dort DER DERBY-HAMMER! Also ist das vielleicht doch nicht ganz unwichtig. Sollen die HSV-Fans sich ruhig über ihren Erfolg freuen. So lange sie am Ende der Saison in der Tabelle hinter uns stehen und (meinetwegen) als 2. Hamburger Verein in die 1. Liga aufsteigen, soll mir das doch egal sein.

Auf diesem Bilderrahmen habe ich einen kleinen grünen Zettel mit einem Gedicht aus paulimäßig weniger erfolgreichen Zeiten entdeckt, auf dem Folgendes steht:

Derbysieger

Sind wir auch hinten,
in der Liga,
egal, wir bleiben
Derbysieger!!!

Das hat mit Fußball nichts zu tun (ein paar Gedichte von früher)

Wer total auf Political Correctness steht, sollte besser das nächste Gedicht überblättern...
Es kommt etwas aus den Anfangstagen meiner „Dichter-Laufbahn", und ist auch schon über 30 Jahre alt, aber ich finde es immer noch gut! (Was vielleicht nicht jeder tut...)

Alptraum

Er kam neulich
zu mir nach Haus,
und er sah völlig
fertig aus
Ich fragte mich:
Was ist denn nun?,
denn nächtens
pflege ich zu ruhen

Wir sprachen kurz,
wir sprachen länger,
da wurde es mir
bang und bänger
Die Worte meines
Freundes Klaus,
ja da zitier ich
jetzt heraus:

„Hätt nie gedacht,
dass ich es tue,
aber sie ließ mich
nie in Ruhe
Nach Feierabend,
vom Job gestresst,
gab sie mir
jeden Tag den Rest

Sie hätt es schwer
(das Kind), und ich,
ich täte ihren
Abwasch nicht
Und so weiter,
und so fort,
das eine gab
das andre Wort

Zum Schluss, da wollt sie
mich verlassen
Mein Geld bis an ihr
Lebensend verprassen

Ich trank viel Bier,
so manches Glas,
und plötzlich packte
mich der Hass
Ich schmiss sie aus der
Wohnung raus,
und leerte meine
Flasche aus

Ich wollte endlich
Ruhe finden
(Mensch lass die Alte
doch verschwinden...)
Doch Ruhe, nein,
die fand ich nicht,
stattdessen *sie,*
im Haustürlicht

Sie hatte ja noch einen Schlüssel,
und schmiss nach mir die Babyschüssel
mit Babyscheiße und auch Pisse
Glaub ja nicht, dass ich dich vermisse!,
schrie sie mit ihrer roten Birne,
zerschlug die Flasche auf meiner Stirne

Vom Blute und
vom Bier geschockt,
hab ich sie dann wohl
ausgeknockt
Ich konnt sie echt
nicht mehr ertragen
Ey Mann, ich habe
sie erschlagen!"

Der Klaus war völlig
außer sich,
er schrie und weinte
fürchterlich:

„Und sowieso
und überhaupt,
was meinst du denn,
wer mir noch glaubt,
dass ich sie ja
nicht wollte killen?
Die Wut war stärker,
als der Willen!"

Da sagte ich:
„Mein lieber Klaus,
jetzt setz dich hin
und ruh dich aus
Du musst schon nicht
im Knast verrecken,
die Leiche können wir
ja verstecken!"

Ich sage euch,
der Klaus war fertig,
und fühlte sich
so minderwertig
So hatt ich ihn
lang nicht gesehen,
aber ich konnte
ihn verstehen

Warum ich
Junggeselle bin?
Das fragst du noch?
Ich glaub, ich spinn!

Dann geh doch gleich
zum Traualtar,
und mache deinen
Alptraum wahr

Und die Moral
von der Geschicht?
Heirate niemals,
tu es nicht!
Und wenn sie auch
über dich lachen,
dich können sie niemals
fertig machen

Also bitte:
sei so schlau,
du brauchst nicht leben,
ohne Frau
Nur tu dein Ja-Wort
niemals geben,
dann kannst du auch
in Frieden leben

Und geht sie dir
doch auf den Geist,
bist du es, der sie
dann rausschmeißt
Und Unterhalt
musst du nicht zahlen,
so dass sie kennenlernt
Arbeitsqualen

Die Nacht, sie war
noch nicht zu Ende,
der Horror kam,
rieb sich die Hände:

Draußen Blaulicht,
Polizei
Von Klaus die Freundin
auch dabei
Sie hatte es
wohl überstanden,
was wir nicht
so ganz verstanden

Die Haustür wurde eingetreten,
der Krankenwagen tat sich verspäten
Sie schlugen uns die Zähne ein,
warfen uns in den Polizeibus rein
In Handschellen wir, und in Fußketten
(Der Abend war nicht mehr zu retten)

Dann auf der Wache:
Ein Anwalt kam nicht
(war ja klar!)
Nach Schlägen fast
der Ohnmacht nah,
nahmen die Bullen
an uns Rache,
nahmen ihre
„Rechte" wahr

Nach Stunden,
blutig geschunden,
lagen wir
in unsrer Zelle,
Hilfe kam nicht,
auf die Schnelle

*In der Wache
hingefallen,
stockbesoffen,
und am Lallen -*
Im Polizeibericht
würd's stehen,
und alle hatten
„es gesehen"

*Der Verhaftung
widersetzt,*
wurden wir
nur leicht verletzt
Die Öffentlichkeit
war so entsetzt

Morgens das Urteil in der BILD:
Im Vollsuff fast die Frau gekillt,
dann beim besten Freund versteckt,
von der Staatsgewalt entdeckt
Lebenslänglich! Todeszelle!
Unbarmherzig! Auf die Schnelle!

Das stand dort in großer Schrift:
Hängen, rädern oder Gift
für die beiden Übeltäter,
diese Menschlichkeitsverräter!

Ein wilder Mob
vorm Haus der Bullen
„Lasst sie raus,
ihr blöden Nullen!
Das Recht nehmen wir
in unsre Hände,
wir machen auch
ein schnelles Ende!"

Der Volkszorn, er war
so „gerecht",
die Tür ging auf,
mir wurde schlecht

Scheiterhaufen angezündet,
die Gerechtigkeit erblindet,
wurden wir herausgezerrt
(Ein Schuss ins Hirn,
wenn ihr euch wehrt!

Das Feuer brannte lichterloh,
so kurz vorm Sterben war ich froh
In dieser Welt wollt ich nicht leben,
so etwas konnt es doch nicht geben

Dein Freund und Helfer,
die Polizei,
schaffte noch mehr
Benzin herbei

Nebeneinander,
in den Flammen versteckt,
sind Klaus und ich
zum Schluss verreckt...

Klaus der lag
fast neben mir,
dazwischen zwei
Paletten Bier,
die hatten wir
wohl leergemacht,
in meiner Wohnung,
letzte Nacht

Das Telefon,
so laut am Klingeln,
im Kopf die Glocken,
schienen zu bimmeln
Der Anrufbeantworter,
er sprang an -
Mein Kopf am Platzen,
und Durst, oh Mann!

Von Klaus die Freundin,
voll am Fluchen,
hatte aufgegeben,
ihn zu suchen
Obwohl sie ahnte,
wo er war,
beim bösen
Junggesellen, klar!

In diesem Moment,
„den Kopf auf dem Tresen",
war sicher, es war
ein Traum gewesen

Alkaseltzer, kalte Dusche,
Odol und der Fön
Das Leben war
noch nie so schön,
wie in diesem
Augenblick -
Nur ein Traum,
was für ein Glück!

Es wird politisch wieder etwas korrekter,

Wahrheit

Ich habe dich gesucht,
und später mich verflucht
Ich habe dich gebraucht,
und viel zu viel geraucht
Ich habe dich geliebt,
weiß nicht, ob's das noch gibt:
Die wahre, große Liebe,
Romantik, nicht bloß Triebe

Ich hab auf dich gewartet -
dein Spiel war abgekartet
Auch, weil ich dich verfolgte,
kam diese schwarze Wolke
Ich habe dich vermisst -
weiß nicht mehr, was das ist
Ich hab an dich geglaubt,
mir's damals noch erlaubt

Unter dir hab ich gelitten,
du fuhrst weiter mit mir Schlitten,
um zum Schluss dann zu erfahren,
dass wir stets alleine waren

Ich gab für dich mein letztes Hemd,
dir war's egal, und du gingst fremd
Du wolltest frei sein, dich nicht binden,
aus meinem Leben dann verschwinden

Die Wahrheit ist: Jetzt bist du frei,
und unsre Liebe ist vorbei!

Sorry, Freunde! Mit Romantik und weiteren Fußballgedichten wird es noch etwas dauern. Gerade habe ich noch ein paar alte Gedichte entdeckt. Und das Leben ist nicht immer lustig..

Erloschenes Licht

Das Licht ist aus,
du bist nicht da
Und du kehrst
niemals wieder

Dein Körper ist
nicht mehr dein Haus -
Sehen wir uns
jemals wieder?

Gibt es die Welt
nach dieser Welt?
Und was kommt
nach dem Leben?

Was ist im Himmel über uns,
wenn wir den Kopf erheben?

Werden wir uns je wiedersehen?
Das hoffe ich, es wär so schön!
Schön ist wohl nicht das beste Wort
Ich bin noch hier, und du bist fort...

Ich habe es ja versprochen: Etwas Romantik...

Ein schöner Tag

Heute ist
ein schöner Tag
Du bist hier,
das find ich stark

Ohne dich
will ich nicht sein
Ohne dich
wär ich allein

Ohne dich
fällt zu viel Regen
Ohne dich
fehlt mir der Segen

Mit dir fühl ich
im Herzen Wonne
Mit dir scheint fast
immer die Sonne

Du bist wahrlich
kein mieses Stück,
du bist mein
allergrößtes Glück

All das zu sagen, fällt nicht schwer,
denn ich liebe dich so sehr!!!

Back to Football – und zurück ins Heute

Zukunftstraum

Endlich bin ich wieder hier,
mit einer Bratwurst und nem Bier
Corona ist Vergangenheit
Ich bin im Stadion, etwas breit

Wir haben die Bayern grad geschlagen,
und waren wir gut? Was soll ich sagen?
Bald ist *schon wieder* Champions League,
und wir eilen von Sieg zu Sieg

Für HSVer echt untragbar:
Pauli ist *so* was von unschlagbar
Der HSV blieb Derbysieger,
und mischt sie auf, die 2. Liga

Was ist mit Pauli nur geschehen?
Egal, es ist schön anzusehen!
Piratenflaggen wehen am Mast,
und wir, wir lachen uns nen Ast...

Plötzlich wird es seltsam laut,
aber ich fahr nicht aus der Haut
Morgens dröhnt immer der Wecker,
und er zog meinem Traum den Stecker

Das ist nicht schlimm, und nur ruhig Blut:
Pauli von *heute* ist auch echt gut!

Endlich wieder Fußball

Die Hinrunde war echt nicht schlecht,
das hätt ich vorher nicht gedächt
Mein Buch dazu ist endlich da,
und ich finde es wunderbar

Wochenend und Sonnenschein,
werden wir heut Abend Sieger sein?
Dann wären wir wieder Spitzenreiter,
und unser Märchen, das geht weiter

Mittags bin ich Sportbanause,
ich mach mit Fußballgucken Pause
Denn das find ich nicht so schön,
will ich nur wen verlieren sehen

Werder und Schalke können an uns vorbei,
nur bis heut Abend, ist einerlei
Schreibt euch das hinter die Ohren:
Wir haben zu Haus noch nicht verloren

Wie's weitergeht, ist völlig offen,
da kann man nur das Beste hoffen
Und in der besten aller Ligen,
hilft uns dann wohl nur das Siegen

Mein Herz schägt heut fürs Millerntor,
oldschool heißt das: St. Pauli vor!

Und bevor es nun mit Fußballthemen weitergeht:
Ich habe noch ein altes Gedicht entdeckt, mit
einer Prise Romantik...

Keine Lust auf Herzeleid

Tut mir Leid,
keine Zeit,
für das blöde
Herzeleid

Also setz mir
nicht so zu,
und lass mein kleines
Herz in Ruh

Hör mal auf
mit diesem Stuss,
und geb mir lieber
einen Kuss

Hör endlich auf
mit diesem Mist:
Ich mag dich wirklich,
wie du bist!

Und nun mach mal
nicht solche Wellen
Bei mir musst du
dich nicht verstellen

Und wo wir schon bei alten Gedichten sind, an schlechte Zeiten kann man sich bei Pauli fast nicht mehr erinnern, doch es gab auch mal so etwas wie die Fußballhölle...

Fußballhölle

Sollt ich mal sterben, es wär ja schade,
begrabt mich in der Gegengerade
Oder ein Stück weiter im Norden,
dann lieg ich näher bei den Fjorden
Die Stimmung ist zwar nicht so schön,
aber vom Spiel kann man mehr sehen

Fußball ist unser Leben,
Fußball ist unser Tod -
Wir glauben jedes mal zu sterben,
wenn wieder mal der Abstieg droht

Auch wenn wir fluchen, pfeifen, stöhnen,
ein gutes Spiel kann uns versöhnen,
gegen den Weg nach unten, den Tabellenkeller,
die Autobahn zur Hölle, nur viel schneller

Oder verstreut hier meine Asche,
und kippt darüber ne Astraflasche,
und legt noch einen Joint darauf
Hinab zur Hölle, in den Himmel hinauf -
Wer weiß, wo ich letztendlich lande?
Ich selbst bin dazu nicht imstande

Ist es der Himmel, bleibt alles wie immer
Ist es die Hölle, dann wird es viel schlimmer:
Regionalliga bis in alle Ewigkeit
Alkoholfreies Bier und viel Nachspielzeit,
bei einem Spielstand von 0:10;
so was will ich echt nicht sehn!

Also bleib ich noch ein paar Jahre,
bis ich dann zur Hölle fahre
Und sehe mir das weiter an,
egal, ob ich's ertragen kann

Vielleicht kommt auch der Fußballhimmel:
Immer wieder Hells Bells mit Glockengebimmel
In einer Welt mit *Nie wieder Krieg!*
St. Pauli in der Champions League...

Jetzt bin ich gerade aufgewacht,
es war echt eine harte Nacht
Das Spiel war wieder mal beschissen,
aber davon will ich nichts wissen

Deshalb leg ich mich wieder hin,
damit ich wieder glücklich bin
Und träume dann vom nächsten Spiel
(Ein Masochist kriegt nie zu viel!)

Von wegen Fußballhölle und alte Zeiten: Einen hab ich noch, sozusagen digital remastered...
Die Jüngeren werden sich nicht mehr erinnern, aber es gab mal eine Zeit, da spielte St. Pauli noch in der Regionalliga. (*Regionalliga? Was is'n ditte?* - Heute nennt man das die Dritte)

Immer wieder St. Pauli

Das Spiel mal wieder nicht so toll,
aber das Stadion ist voll
Zwei Mal in Folge abgestiegen,
mit vielen Pleiten, wenig Siegen
Vereinsführung? Zum Kotzen oft,
umsonst auf Besserung gehofft

Jetzt irgendwo im Mittelfeld -
Der Weg nach oben scheint verstellt
Der Weg zum Abgrund, er scheint nah,
doch eines ist uns immer klar:

Wir werden zu St. Pauli stehen,
selbst, wenn wir dran zugrunde gehen!

Zusammen stiegen wir damals auf
Zusammen gingen wir fast unter -
verzweifelten, doch gaben nie auf
Im Fahrstuhl fahren wir runter

Wie tief es noch nach unten geht,
das ist doch fast egal,
weil jeder zu St. Pauli steht,
und das ja nun total

Selbst, wenn wir noch mal absteigen,
und dann noch jedes Spiel vergeigen,
wir werden zu St. Pauli stehen
(auch, wenn wir dran zugrunde gehen!)

Und macht das Frustbier noch so blau,
wir gehen *nicht* zum HSV!

Und werden wir weniger, ist es nicht schade,
endlich mal Platz in der Gegengerade
Das heißt, vom Spiel kann man was sehen
(Auch in der Oberliga schön!)
Aber so weit wird es nicht gehen...

Ein Blick in die Vergangenheit,
das war in längst vergangener Zeit

So neu ist das Gedicht hier nicht,
das auch von finstren Zeiten spricht
Die 3. Liga? - Nicht so schön,
das möcht ich nicht noch einmal sehen...

Zeit

Die Zeit...
Mal ist sie lang,
und mal ist sie breit

Wird das Fanherz heut erlöst?
Ich gebe zu, ich bin nervös
Bleiben wir oben? Geht's nach unten?
Haben wir unsern Weg gefunden?

Morgen werde ich berichten,
in gedichteten Geschichten
Werd nicht in Depressionen versinken,
oder Paderborner trinken

Der Dichter nun sein Glas erhebt -
Was haben wir Schönes doch erlebt!
Ein Fußballmärchen – wie Brüder Grimm,
das ist doch nun echt nicht schlimm!

Wir werden sehen, wie's weitergeht,
wenn sich das runde Leder dreht

Ich bin nun mal ein Optimist,
deshalb bin ich nicht angepisst
Und ich weiß, das nichts anbrennt,
gibt Pauli 100%!

21. Spieltag
St. Pauli : Paderborn (2:2)

Heimspielmeister

Die Ansprüche sind wohl gestiegen,
aber wir können nicht immer siegen
Und ich, ich kann mich nicht beklagen:
Zu Haus noch immer ungeschlagen

Der 2. Platz, nicht in Gefahr
Ich sage: Wir sind wieder da!
Das hat sich echt gut angefühlt,
und schlecht haben wir nicht gespielt

Es wurde alles abverlangt,
wir haben noch längst nicht abgedankt (-;
Der HSV muss Darmstadt binden,
damit sie nicht zu weit entschwinden

Der Spieltag bringt nen Aufstiegsplatz,
der Punkt der war nicht für die Katz
Noch 13 Spiele stehen vor uns
Fußball, das ist wahre Kunst

Aufstiegskampf? Auf alle Fälle.
Ihr seht es hier, in der Tabelle...

#	Team									
1	Darmstadt 98	20	12	3	5	45	22	23	39	
2	St. Pauli	21	11	5	5	42	29	13	38	
3	Werder Bremen	21	11	5	5	41	29	12	38	
4	Schalke	21	11	4	6	42	25	17	37	
5	Heidenheim	21	11	4	6	28	26	2	37	
6	HSV	20	8	10	2	34	20	14	34	
7	FCN	21	9	6	6	29	28	1	33	
8	SC Paderborn	21	8	7	6	38	28	10	31	
9	Jahn Regens...	21	9	4	8	40	32	8	31	
10	KSC	20	6	8	6	34	32	2	26	
11	Holstein	20	6	7	7	26	32	-6	25	
12	Dynamo	20	7	3	10	21	26	-5	24	
13	Hannover 96	21	6	6	9	16	30	-14	24	
14	Hansa Rostock	20	5	6	9	21	32	-11	21	
15	Düsseldorf	20	5	5	10	23	29	-6	20	
16	SV Sandhausen	20	5	5	10	22	39	-17	20	
17	FC Erzgebirge	21	3	6	12	17	39	-22	15	
18	Ingolstadt	21	3	4	14	20	41	-21	13	

Letzte 5 Spiele

Nach dem 21. Spieltag

Der HSV hat was bewegt,
die Darmstädter förmlich zerlegt
Ein 5:0 am Böllenfalltor
(Und Pauli-Fans haben auch Humor)

Ich klopfe nun 3 x auf Holz,
denn auf mein Pauli bin ich stolz
5 x in Folge nicht gewonnen,
und trotzdem ist noch nichts zerronnen

Wir stehen noch immer auf Platz 2
und sind im Aufstiegskampf dabei:

1	Darmstadt 98	21	12	3	6	45	27	18	39	❌✅➖✅✅
2	St. Pauli	21	11	5	5	42	29	13	38	➖➖➖❌➖
3	Werder Bremen	21	11	5	5	41	29	12	38	✅✅✅✅✅
4	HSV	21	9	10	2	39	20	19	37	✅✅➖➖✅
5	Schalke	21	11	4	6	42	25	17	37	✅✅➖➖✅
6	Heidenheim	21	11	4	6	28	26	2	37	✅➖✅✅❌
7	FCN	21	9	6	6	29	28	1	33	❌❌✅➖✅
8	SC Paderborn	21	8	7	6	38	28	10	31	➖✅✅❌❌
9	Jahn Regens…	21	9	4	8	40	32	8	31	❌❌✅❌❌
10	Holstein	21	7	7	7	27	32	-5	28	✅✅➖➖✅
11	KSC	20	6	8	6	34	32	2	26	❌❌➖➖❌
12	Hansa Rostock	21	6	6	9	25	33	-8	24	✅➖❌➖❌
13	Dynamo	21	7	3	11	22	30	-8	24	❌❌➖✅✅
14	Hannover 96	21	6	6	9	16	30	-14	24	❌✅✅❌✅
15	Düsseldorf	21	5	5	11	23	30	-7	20	❌❌❌❌➖
16	SV Sandhausen	20	5	5	10	22	39	-17	20	✅✅➖➖➖
17	FC Erzgebirge	21	3	6	12	17	39	-22	15	❌❌➖❌❌
18	Ingolstadt	21	3	4	14	20	41	-21	13	✅❌❌✅❌

Verfrühtes Saisonende

Es ist egal, wie's weiter geht
Fest steht, dass nichts geschrieben steht
Und wenn wir immer alles geben,
dann können wir noch ganz viel erleben

Der Fußballgott kam gerade rein,
er liebt den Pauli-Sportverein
Und er hat einfach mal beschlossen:
Die 2. Liga wird geschlossen

Und dann zum HSV-Verdruss,
ist Spieltag 21 Schluss

Darmstadt und Pauli steigen auf
Bremen kann auch höher hinauf
Muss sich mit Erstligistem messen,
der Rest kann Aufsteigen vergessen

Der Fußballgott? Nix objektiv -
Aber so geht nichts mehr schief!

Von Spiel zu Spiel denken

Noch immer ist
hier alles offen
Noch viel zu früh
für Bangen und Hoffen

Der Aufstieg ist
ein schönes Ziel,
doch wir sehen nur
von Spiel zu Spiel

Das nächste Spiel
ist übermorgen,
und es gibt keinen
Grund für Sorgen

Wir müssen nicht
die Segel streichen,
und können noch
sehr viel erreichen

Und sehr viel *haben* wir schon erreicht,
und immer ist es halt nicht leicht
Noch 13 Spiele, und wir sehen,
wo wir dann am Ende stehen

Selbstironie
(frei nach Heinz Strunk)

Wie komme ich von 0 auf 100
in einer Sekunde?
Ich stell mich
auf die Waage...

Doch ich brauch keine Trage:
Fett und schlapp
lehne ich ab;
doch fit und schwer,
das mag ich sehr

So ist das nun mal
(für mich keine Qual):
Ich penn nicht im Schrank
aber bin auch nicht schlank

So wie St. Pauli im vorletzten Jahr -
so ähnlich steh ich heute da

Doch Tag für Tag, da wird es heller,
ich komm aus dem Tabellenkeller
Heute Morgen war'es unter 100,
und ich hab mich nicht gewundert

Nicht nur St. Pauli ist so schön,
auch viel essen und Essen gehen...

Delle oder Welle?

Heute wird's spannend, auf alle Fälle,
verrät der Blick auf die Tabelle -
wir hatten leider eine Delle:
Die Rückrunde nicht gut begonnen,
5 x in Folge nicht gewonnen

Fußball ist manchmal so banal,
gewinnen wir, ist das egal
Der 1. Platz ist wieder drin,
aber nur, wenn wir gewinnen

Ich werde die Tabelle zeigen,
falls wir heute nicht vergeigen -
Gibt's Abstiegs- *und* Aufstiegsgespenster?
Bei Niederlage, weg vom Fenster

Es muss heut besser sein als Bolzen,
der Vorsprung, er ist arg geschmolzen
Wir sollten heute alles geben,
damit könnte ich sehr gut leben

Liegt es Pauli doch im Blut?
Hin- *und* Rückrunde niemals gut?
Bei uns, da brennt echt nicht der Baum,
aber es schwindet der Aufstiegstraum

22. Spieltag
Regensburg : St. Pauli (2:3)

Heroes (<u>Not</u> just for one day)

Das Gedicht ist leicht verspätet,
ich hab zum Fußballgott gebetet -
Er war wach, hat nicht gedöst,
wir Pauli-Fans, wir sind erlöst

Das Spiel, das war ein echter Thriller
und ab und zu ein Nerven-Killer
Der Einsatz, der hat sich gelohnt,
weil Pauli wieder oben thront

Darmstadt spielt heut in Hannover,
ich hoffe, da ist dann Game over
Darmstadt verliert da, aber echt
(0:5 gegen HSV, *ultra*-schlecht!)

Das Wort benutze ich sehr selden:
Paulis Spieler waren echt Helden
Dreckig gesiegt zur rechten Zeit,
da tun die anderen einem fast Leid (-;

Das Hoch im Norden, auf die Schnelle,
zeigt dir ein Blick auf die Tabelle:

#	Team	Pl	W	D	L	GF	GA	GD	Pts	Form
1	St. Pauli	22	12	5	5	45	31	14	41	✓ − ✗ − ✗
2	Werder Bremen	22	12	5	5	43	30	13	41	✓ ✓ ✓ ✓ ✓
3	HSV	22	10	10	2	41	20	21	40	✓ ✓ ✓ − −
4	Darmstadt 98	21	12	3	6	45	27	18	39	✗ − − ✓ ✓
5	Schalke	21	11	4	6	42	25	17	37	✓ ✓ − − ✓
6	Heidenheim	22	11	4	7	28	28	0	37	✗ ✓ − ✓ ✓
7	FCN	22	9	6	7	30	32	-2	33	✗ ✗ ✓ ✗ ✓
8	SC Paderborn	22	8	8	6	38	28	10	32	− − ✗ ✓ ✗
9	Jahn Regens…	22	9	4	9	42	35	7	31	✗ ✗ ✗ ✓ ✗
10	Holstein	22	8	7	7	30	34	-4	31	✓ ✓ ✓ − −
11	KSC	22	7	8	7	38	35	3	29	✓ ✗ ✗ − −
12	Dynamo	22	7	4	11	22	30	-8	25	− ✗ − − ✗
13	Hansa Rostock	22	6	6	10	26	35	-9	24	✗ ✓ − ✗ −
14	Hannover 96	21	6	6	9	16	30	-14	24	✗ − ✓ ✗ ✓
15	SV Sandhausen	21	6	5	10	24	39	-15	23	✓ ✓ ✗ ✓ −
16	Düsseldorf	21	5	5	11	23	30	-7	20	✗ ✗ ✗ ✗ −
17	FC Erzgebirge	22	3	6	13	19	42	-23	15	✗ ✗ ✗ − ✗
18	Ingolstadt	21	3	4	14	20	41	-21	13	✓ ✗ ✗ ✓ ✗

Das Hoch im Norden

Wir stehen heute auf Platz 3
(der Spieltag ist noch nicht vorbei)

Werder und der HSV
stehen dieses Mal im Stau
Sie ließen beide Punkte liegen -
Wir müssen eigentlich nur siegen

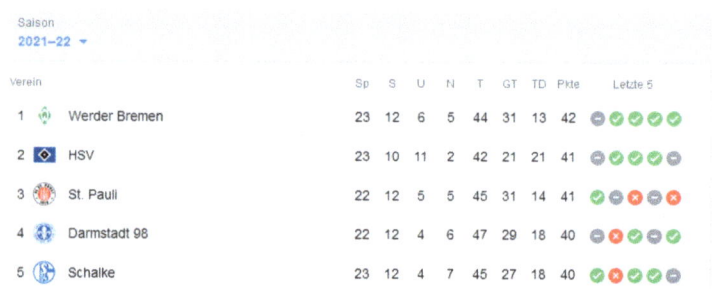

Verein		Sp	S	U	N	T	GT	TD	Pkte	Letzte 5
1	Werder Bremen	23	12	6	5	44	31	13	42	
2	HSV	23	10	11	2	42	21	21	41	
3	St. Pauli	22	12	5	5	45	31	14	41	
4	Darmstadt 98	22	12	4	6	47	29	18	40	
5	Schalke	23	12	4	7	45	27	18	40	

Saison 2021–22

Wir haben einen schweren Stand,
denn es liegt in unsrer Hand
Wir sind noch lange nicht am Ziel,
trotzdem ein echt gutes Gefühl...

23. Spieltag
St. Pauli : Hannover (0:3)

Ein Satz mit X: Das war wohl nix!

Das Millerntor?
Ein Scheunentor!
Es war komplett weit offen,
da wurd ins Tor getroffen

Mehr will ich heut nicht schreiben,
deshalb lass ich es bleiben...

Doch einen hab ich noch (in echt!):
Zum Aufstieg sind wir viel zu schlecht!
Auch die Heimserie ist aus,
und wir sind erst mal komplett raus

Und auch 2 Elfer gingen nicht rein,
das Spiel, das war mal echt zum Schreien
Und eins sag ich: Alter, weißte?
Das Spiel war mal so richtig scheiße

So grob umrissen:
Voll beschissen
Das war alles aua, aua,
und ich bin ein wenig sauer...

Kein Miesepeter (etwas später)

Ich hab mich draußen schön bewegt,
und mich so wieder abgeregt
Für Pauli ist es grad nicht leicht,
wir hatten schon so viel erreicht

Vieles lief vorhin nicht gut,
die Fans haben zum Glück nicht gebuht
Und was die Jüngeren nicht wissen:
Zu Haus Hannover ist beschissen

Der letzte Sieg? - Erinnerung,
ist lange her, da war ich jung
Vor 27 Jahren (und ein paar Tagen)
haben wir Hannover hier geschlagen

Die Pauli-Spieler tun mir leid,
das ist echt ne beschissene Zeit
Vieles im Fußball ist mental,
Gedanken sind da nicht egal

Denkst du im Spiel viel zu viel nach,
machst du viel Fehler und wirkst schwach
Heute gab's was auf die Ohren,
und die Balance haben wir verloren

Und gut ist, dass wir jetzt auch wissen,
woran wir nun arbeiten müssen
Und die Tabelle? Da scheiß ich drauf,
denn mit 11 Siegen steigen wir auf!

Pauli-Blues

Vielleicht war ich nicht so gerecht -
kein Spieler spielt absichtlich schlecht
But sorry: It is hard to loose,
das ist nun mal St. Pauli-Blues

Und ich liebe meinen Verein,
das wird auch niemals anders sein,
seit Juli schon, das kostet Kraft,
und es hat mich total geschafft

Der Pauli-Blues in meinem Herzen,
der haut voll rein, und er macht Schmerzen
Aber ich nehm die Schmerzen hin,
was ich hier tue, das hat Sinn

Der Buddha sagt: *Leben heißt Leiden!*
Das lässt sich gut in Worte kleiden
Ich nehm das ernst, mach keine Scherze,
für Pauli brennt hier eine Kerze!

Hast du auch den St. Pauli-Blues,
du weißt immer, was du tust
Der beste Club dieses Planeten -
ist auch der Club der Abgedrehten

Dazu gehör auch sicher ich -
Und ist das schlimm? - Ich glaube nicht
Ich weiß, das mein Herz nicht zerbricht,
und deshalb schrieb ich dies Gedicht...

Vielleicht nix gut (wir erinnern uns...):

So was liegt Pauli wohl im Blut -
Hin- und Rückrunde niemals gut

Die Rückrunde, ein arger Krampf,
normal wären wir im Abstiegskampf
Platz 15 nach dem 6. Spiel,
das ist nun wirklich nicht so viel

Aber ich kann es wieder sehn:
St. Pauli kannst du nicht verstehn
St. Pauli kannst du echt nur lieben:
Meister im Kicken, und im Versieben...

Das Glas halbvoll oder halbleer?,
das weiß ich ab und zu nicht mehr)-:

Zuletzt gespielt, so wie in Trance,
das nächste Spiel, die letzte Chance,
um noch mal oben mitzumischen
Ich glaub nicht dran, uns wird's erwischen

Wir haben schon so viel geschafft,
das kostete nur zu viel Kraft

Tragik ist wie Liebe ohne Happy End
Und eines ist wirklich sicher,
dass die Tragik St. Pauli kennt (Thees Uhlmann)

Nie Wieder Faschismus!
Nie wieder Krieg!
Nie wieder 2. Liga!

Ich träume von der Champions League,
wovon ich gar nicht träum ist Krieg

Was jetzt ist, da kann ich nichts machen
und erst recht nicht drüber lachen
Krieg und Faschismus darf nicht sein,
da trete ich immer für ein

Fast schon belanglos, unser Spiel,
theoretisch geht's um viel
nämlich um nie mehr 2. Liga,
es könnte klappen, wären wir Sieger

Aber eines muss ich sehen:
Kriegstreiber will ich nicht verstehen
Stopp es Putin, rauch n Joint,
dann wärst du fast ein Friedensfreund…

Wünsche

Ich wünschte, Putin wäre stoned
und Russland schießt ihn auf den Mond
Ich wünsch mir einfach *Stop the hate*,
und endlich wieder Love Parade

Und was ich will? Nie wieder Krieg!
(und heute einen Auswärtssieg...)

Techno

Was mich kein bisschen
runter zieht,
das ist der Rhythmus
und der Beat

Ich will Love,
Peace and Happyness,
drum Alter, mach
hier keinen Stress

Liebe und Frieden,
Leidenschaft,
Glück und Musik,
die geben Kraft

Und Freiheit, auch
für die Ukraine
Weltfrieden, du
weißt, was ich meine

Putin, Trump,
andre Despoten
sind doch komplette
Vollidioten

Peace, Love and Happyness,
das ist das Gegenteil von Stress!!!

Leben

Das Leben, das ist viel zu kurz
Scheiß auf Probleme, die sind schnurz
Denk an das Gute, lass dich mal schweben
und genieße auch dein Leben

Und geht es dir mal nicht so gut?
Du hast St. Pauli doch im Blut
Und ist das Leben auch mal hart,
vergiss nicht: du bist ein Pirat

Und kriegst du auch mal voll den Dämpfer,
bist du doch trotzdem noch ein Kämpfer
Du lebst heute, nicht gestern, nicht morgen -
also keinen Grund für Sorgen

Was geschehen ist, ist geschehen,
und da kannst du drüber stehen
Traf dich auch mal ein harter Schlag,
du lebst nur heut, an diesem Tag

Du hast immer den Beat im Blut,
und darum geht es dir auch gut
Deshalb können sie dich nicht kriegen,
deshalb können sie dich nicht besiegen

Und ertönt vom Schmerz dein Schrei:
Sie können dich mal,
denn du bist frei!!!

So war es früher

Und wenn man auswärts 3:1 führt,
und dann *doch* wieder verliert,
dann ist der Tag total versaut,
erst recht, wenn man Premiere schaut

Die Nachbarn hören mich wieder schreien,
das gibt es nur bei einem Verein...

Und so ist es heute:

**24. Spieltag
Ingolstadt : St. Pauli (1:3)**

Das Märchen geht weiter

Die Schulter werden wieder breiter,
und unser Märchen, das geht weiter
Tabellenführung ist zurück,
in dunklen Tagen ein kleines Glück

Brustlöser könnte man das nennen,
und heute Nacht kann ich gut pennen

Und das kann ich euch echt vertellen:
Der Fußball kann die Nacht erhellen
Auswärts gewinnen und nicht verlieren,
ich bin erlöst und geh spazieren...

Willkommen in der Gegenwart

Früher war ich Pazifist,
heut weiß ich nicht mehr, was das ist
Putin brachte die Zeitenwende,
mein Pazifismus ist am Ende

Wär ich viel jünger, zög ich nach Osten,
ohne Rücksicht auf die Kosten

Und würde dann im Morgengrauen
in der Ukraine Mollies baun
2/3 Heizöl, 1/3 Benzin,
wie 68 in Westberlin

Von Putin bin ich angepisst,
denn ich bin *nicht* mehr Pazifist
Gandhi ist nun nicht mehr Kult,
das ist alleine seine Schuld

Seine Panzer bringen kein Glück,
der kalte Krieg, er ist zurück
Der Frieden ist es, der verliert,
John Lennon in seinem Grab rotiert

Verstehen kann ich all das nicht;
Putin, blödes Arschgesicht -
Während ich auf das Morgen warte,
zeig ich dir die Rote Karte!

DFB-Pokal 4. Runde
Union Berlin : St. Pauli (2:1)

Oder: Leider kann nur einer gewinnen

Auf der Bank ein Lazarett,
trotzdem war's nicht nur „ganz nett"
Und wirklich *alles* rausgehauen,
darauf kann St. Pauli bauen

David gegen Goliath?
Der Underdog ist unser Part
Ein paar mal nicht an Krieg gedacht,
da hat der Fußball was gebracht

Schade war es, aber echt,
wir waren extrem ersatzgeschwächt
Aber ein Spiel mit ganz viel Mumm,
nur das Ergebnis, das war dumm

Leider waren wir in Not,
mit dem letzten Aufgebot
Trotzdem von uns ein starkes Spiel,
von Pauli kommt noch immer viel!

25. Spieltag
St. Pauli : KSC (3:1)

Arbeitssieg

Diese labilen Fußballfans:
2. Halbzeit Konferenz
Meine Nerven lagen blank,
aber gewonnen, Gott sei Dank!

St. Pauli feiert einen Sieg,
und in Europa ist der Krieg
Das will ich nicht so weit ausbreiten,
es sind nun mal düstere Zeiten

Es kommt wohl von Martin Luther,
von ihm gibt es ein wenig Futter;
Trotzdem kann ich noch immer tanzen,
geht die Welt unter? - Ein Bäumchen pflanzen...

Der Frieden ist noch immer
mein größtes Interesse,
aber wenn Putin bei mir klingelt,
dann kriegt er auf die Fresse!

Das Leben ist noch immer schön,
genau so wie das Fussie-Sehen -
Denn es kann schöne Stunden schenken
und von der Finsternis ablenken!!!

26. Spieltag
Dresden : St. Pauli (1:1)

Scheiß Aluminium

Schade, es hat nicht sollen sein:
Der Ball ging einfach nicht mehr rein
Das lief für uns dann leider dumm:
4 x Aluminium

Es ist zwar „nur" ein Unentschieden,
aber ich bin trotzdem zufrieden
Der eine Punkt ist nicht verkehrt,
vielleicht ist der noch mal viel wert

Dresden, voll im Abstiegskampf,
machte Pauli richtig Dampf
Man sah sich doch sehr aus der Nähe,
es war ein Spiel auf Augenhöhe

Bis heute Abend dann, mein Schatz,
sind wir noch auf dem 2. Platz
Im Fußball kann sehr viel passieren,
auch dass die Bremer mal verlieren

Mein Pauli war heut wieder stark,
wer andres sagt, der redet Quark!
Ein Auswärtspunkt war für uns drin,
wir können nicht immer gewinnen!

27. Spieltag
St. Pauli : Heidenheim (1:0)

Oh, wie ist das schön...

Mal wieder ein zu 0 zu sehen,
das war einfach wunderschön!

Was soll ich heute noch groß sagen?
Wir haben Heidenheim geschlagen
Der 1. Platz, 3 Punkte vor,
und Spitzenreiter (Millerntor)

10 Punkte vor dem HSV,
in Stellingen ein Supergau

Ich vergess nicht, woher wir kommen,
doch heute fühl ich mich benommen:
St. Pauli, längst nicht mehr alltäglich,
vielleicht ist doch noch ganz viel möglich

Die Spannung bekommt keine Pause,
gegen wen geht's noch zu Hause?
Bremen, Darmstadt, Nürnberg, Düsseldorf -
und dann 4 Siege? - Das wär schorf!

Pauli hat echt alles gegeben,
mit allem , was kommt, kann ich jetzt leben!!!

Träume

2 Wochen fast kann ich nun träumen,
und das will ich auch nicht versäumen
Pauli hat sich wieder gefangen,
und uns ist wirklich gar nicht bang

Warum das so ist? - An dieser Stelle
zeig ich einfach die Tabelle:

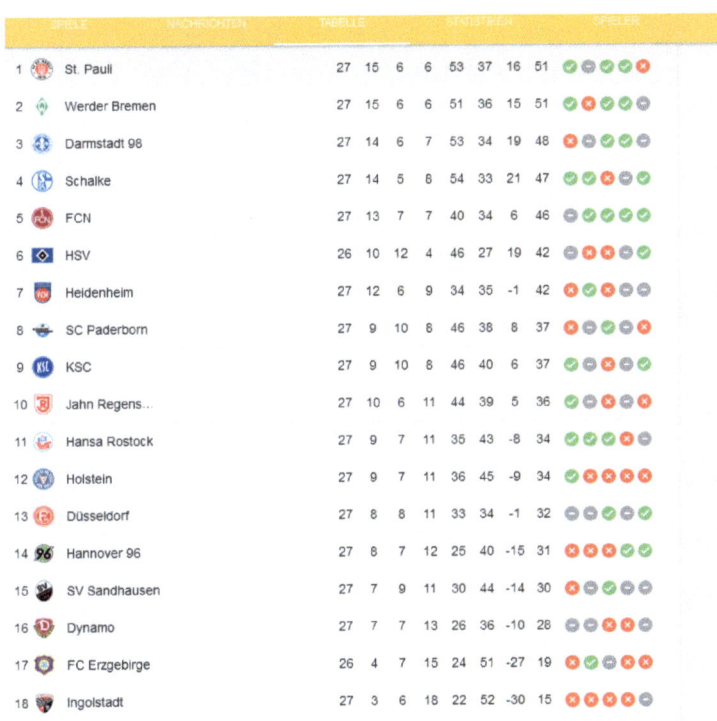

1	St. Pauli	27	15	6	6	53	37	16	51	
2	Werder Bremen	27	15	6	6	51	36	15	51	
3	Darmstadt 98	27	14	6	7	53	34	19	48	
4	Schalke	27	14	5	8	54	33	21	47	
5	FCN	27	13	7	7	40	34	6	46	
6	HSV	26	10	12	4	46	27	19	42	
7	Heidenheim	27	12	6	9	34	35	-1	42	
8	SC Paderborn	27	9	10	8	46	38	8	37	
9	KSC	27	9	10	8	46	40	6	37	
10	Jahn Regens..	27	10	6	11	44	39	5	36	
11	Hansa Rostock	27	9	7	11	35	43	-8	34	
12	Holstein	27	9	7	11	36	45	-9	34	
13	Düsseldorf	27	8	8	11	33	34	-1	32	
14	Hannover 96	27	8	7	12	25	40	-15	31	
15	SV Sandhausen	27	7	9	11	30	44	-14	30	
16	Dynamo	27	7	7	13	26	36	-10	28	
17	FC Erzgebirge	26	4	7	15	24	51	-27	19	
18	Ingolstadt	27	3	6	18	22	52	-30	15	

Schiller returns

Der Frühling naht,
und es wird lichter
Ich kann berichten
von nem Dichter

Abends blieb ich einfach hier,
das Spiel auf Sky, und dazu Bier
Da kam der Schiller dann zurück,
und er wünschte uns viel Glück

Den Abend wollte er hier bleiben,
und zusehen beim Gedichteschreiben
Natürlich auch beim Pauli-Spiel,
er hatte ein gutes Gefühl

Heut soll der andere vergeigen,
und dann schafft ihr es aufzusteigen
Ein Prosit, lass das Bier mal schäumen,
wir wollen von 1. Liga träumen

Ich bin ja eher Amateur,
das Dichten ist auch wirklich schwer
Doch Schiller, der ist 1. Liga
Und offen ist: Wurden wir Sieger?

28. Spieltag
Hansa Rostock : St. Pauli (1:0)

Schade, aber wir stehen wieder auf

Schiller machte ne Ballade,
und er sagte: *Das war schade*
Nun bin ich endlich wieder hier,
sehr gut war leider nur das Bier

Doch ist das schlimm? - ich glaube kaum,
denn er lebt weiter, unser Traum
Ein weiser Mann hat es erkannt:
Wir haben es noch in unser Hand!

Der 2. Platz, es winkt die 3,
doch wir sind oben mit dabei
6 Tage bis zum Spitzenspiel,
es geht um alles, nicht um viel

Die Bremer kommen ans Millerntor,
da kommt ein Sieg schon öfter vor
Darmstadt + Nürnberg sind auch noch zu Gast,
auf gute Spiele bin ich gefasst

Am 7. Mai sind wir bei Schalke,
und Pauli schlägt zu wie ein Falke
Und wenn wir *das* alles gewinnen,
kriegen wir auch den Aufstieg hin!

Je t'aime, je t'aime Werder Bremen

Und Bremen hat
auch nicht gewonnen,
der Aufstiegstraum
ist nicht zerronnen

Nur 1 Punkt Vorsprung
ist nicht viel,
Samstag gewinnen
wir unser Spiel

Dann sind wir es
wieder geworden:
Pauli, die Nr. 1
im Norden!

2. Dichtertreffen

Was machen Dichter in der Nacht?
Wir haben uns kaputtgelacht
Ist nun der Aufstieg in Gefahr?
Egal, alles ist wunderbar!

Man sollte auch mal dankbar sein,
nicht immer nach dem Höchsten schreien

Das beste Pauli aller Zeiten
durfte ich dieses Jahr begleiten
mit guten und schlechten Gedichten -
bin ich frustriert?, oh nein: mitnichten

Wär ich ein Mönch, und wär ich fromm,
hätt ich meinen Glauben, auch an Wunder
Ich vergess nicht, woher wir kommen
(und darauf einen Bommerlunder!)

„Ich träume nicht (I have a dream!)
St. Pauli *ist* ein Spitzenteam"
Das sagte er mir noch, der Schiller,
danach wurde er etwas stiller

Er grinste, als er mich verließ:
„Ich neid dir fast dein Paradies -
St. Pauli ist so was wie Glück,
und ich bin bald wieder zurück

Ich muss jetzt nur noch mal ganz flott
hin zu eurem Fußballgott
Und dann, dann werde ich ihm sagen:
Wir wollen noch ein paar Gegner schlagen!"

Den Fußballgott, den kenn ich schon,
wir sind uns mal begegnet
Bei Pauli steht er unter Strom,
er hat uns schon gesegnet

Zum Schluss, da sagte er noch „Prost,
jetzt muss ich aber wirklich los..."

Vielleicht muss da auch einer ran,
der noch viel besser dichten kann
als so wie ich
(oder auch nicht)

Mich nannte Schiller *Lyrik-Gott*,
das fand ich übertrieben
Ich dichte gern, auch mal mit Spott,
kann's aber auch versieben

Vom Thema bin ich abgewichen,
das hat sich hier so rein geschlichen

Ob's was gebracht hat, werd ich sehen,
mit Fußballgott wird's richtig schön -
Ich hoff, mit Schiller kommt er her,
dann wird mein Glas auch nie mehr leer (-;

29. Spieltag
St. Pauli : Werder Bremen (1:1)

High Voltage Rock'n'Roll...

Ich bin noch immer aufgeregt,
was war das für ein Spiel?
Wenn Pauli Werder Bremen schlägt,
dann wär das fast zu viel

Hochklassig, spannend, Nervenkiller,
das Spiel, das war ein wahrer Thriller
Die Köpfe immer noch erhoben,
wir haben Kontakt nach ganz weit oben

Der eine Punkt, auch der macht froh,
Pauli mit ganz hohem Niveau
Und ich sach es, liebe Leude:
Der Verein, der macht mir Freude!

Und wenn wir noch 5 Mal siegen,
dann sind wir sicher aufgestiegen -
Bis dann brauch ich fast Herztabletten,
doch wir steigen auf, ey, wollen wir wetten?

Ich bin geschafft und völlig platt:
Wir Nr. 1 der Hansestadt
Egal, wie Bremer sich verbiegen,
St. Pauli können sie nicht besiegen...

Nur noch 5 Spieltage...

Oh, wie schön ist der Genuss:
Abgerechnet wird zum Schluss

Der Spieltag, der ist nun Geschichte,
das Unentschieden: Ein Gewinn
Der Spieltag, von dem ich berichte,
die Konsequenz nehm ich mal hin

Für uns ist Spannung bis zum Schluss -
Das Gegenteil von Verdruss

Ich bin schon ewig mit dabei,
mit geilem T-Shirt (*Paulizei*)
Als Paulizist heb ich die Kelle
und zeige gerne die Tabelle (-;

	Verein	Sp	S	U	N	T	GT	TD	Pkte	Letzte 5
1	Schalke	29	16	5	8	59	34	25	53	✓ ✓ ✓ ✓ ✗
2	Werder Bremen	29	15	8	6	53	38	15	53	– – ✓ ✗ ✓
3	St. Pauli	29	15	7	7	54	39	15	52	✗ ✓ ✗ ✓ ✓
4	Darmstadt 98	29	15	6	8	57	38	19	51	✗ ✓ ✗ ✗ ✓
5	FCN	29	14	7	8	44	38	6	49	✓ ✗ ✓ ✓ ✓
6	HSV	29	11	12	6	51	30	21	45	✓ ✓ ✗ ✗ ✗
7	Heidenheim	29	13	6	10	37	39	-2	45	✗ ✓ ✗ ✓ ✗
8	SC Paderborn	29	10	11	8	50	41	9	41	– ✓ ✗ – ✓
9	KSC	29	9	12	8	50	44	6	39	– – ✓ ✓ ✗
10	Jahn Regens…	29	10	8	11	46	41	5	38	– – ✓ ✓ ✗
11	Holstein	29	10	7	12	38	48	-10	37	✗ ✓ ✗ ✗ ✗
12	Hansa Rostock	29	10	7	12	36	46	-10	37	✗ ✓ ✓ ✓ ✓
13	Düsseldorf	29	9	9	11	38	36	2	36	✓ ✓ – – ✓
14	Hannover 96	29	9	8	12	29	42	-13	35	✓ ✓ ✗ ✗ ✗
15	SV Sandhausen	29	8	10	11	33	46	-13	34	✓ ✓ ✗ ✓ ✓
16	Dynamo	29	7	7	15	28	40	-12	28	✗ ✗ – – ✗
17	Ingolstadt	29	4	7	18	26	55	-29	19	✓ ✓ ✗ ✗ ✗
18	FC Erzgebirge	29	4	7	18	27	61	-34	19	✗ ✗ ✗ ✗ ✓

Letzte 5 Spiele

83

30. Spieltag
Sandhausen : Pauli (1:1)
Seufz...

Mittags in der Schalke-Bar
am Strand von Gran Canaria
Die Sonne schien für Fußballfans,
und Pauli lief in Konferenz

Das Bier, das war so schön am Schäumen,
beim von 1. Liga Träumen
Der Ausgleich in der Nachspielzeit
war nicht so gut für Seligkeit

Er hat das Fanherz nicht zerstochen,
das letzte Wort ist nicht gesprochen

Das Märchen ist noch nicht zu Ende,
es läuft, und es gibt keine Wende
Denn seit über einem Jährchen
ist Paulis Weg ein Fußballmärchen

Danach hab ich mich noch verlaufen,
das kommt vom mittags Weizen Saufen

Als Pauli-Fan die Minderheit,
trotzdem war es ne schöne Zeit,
in der Strandbar, und am Tresen
(noch schöner wär ein Sieg gewesen...)

So schrecklich aufgeregt...

Ich bin ehrlich, muss gestehen:
Nix hab ich heute live gesehen
Mein Herz Tempo 200 schlägt,
Stephan null Aufregung verträgt

Da les ich lieber Stephen King,
die Aufregung ist nicht so schlimm

Die heutige Tabelle steht:
Für Pauli ist es nicht zu spät
Wir sind noch immer mit dabei,
und wir stehen auf Platz 3

Samstag trink ich wieder Bier,
beim Kick gegen Darmstadt (auf Platz 4)
Ich seh's mir an, bin nicht zu retten,
denn ich hab keine Herztabletten

Dann hab ich vielleicht Sonnenbrand,
und wir haben alles in der Hand:
Noch immer ist der Aufstieg drin,
wir müssen einfach nur gewinnen

DFB-Pokal-Halbfinale
HSV : Freiburg
ohne Pauli (und ohne mich)

Man soll sich seinen Ängsten stellen,
das habe ich getan
Es gibt Sachen, die mag ich echt
so gern wie Lebertran

Es ist so einfach, wie es ist,
das kann ich auch gestehn:
Ich habe von dem Spiel da oben
gar nichts live gesehn

Ich steh eher auf Millerntor,
und ich stell mir nicht gerne vor:
Der HSV gewinnt,
der Niedergang beginnt...

Pauli kriegt die Kurve nicht,
der HSV steigt auf, wir nicht
Alles ist möglich und kann geschehen,
aber das muss ich nicht noch sehen

Ich bin und bleib ein Kicker,
was geht, das ist Live-Ticker

Den Leser höre ich fast schnauben,
kann nix dafür, ist Aberglauben
Beim Liveticker ist nicht viel fun (0:2),
ich reib mich ein mit Aftersun

Der HSV hat's auch nicht leicht,
aber trotzdem: das *brennt* vielleicht...
0:3 zur Halbzeit, das wird schwer,
die HSV-Fans leiden sehr

Dem HSV Pokal-Aus droht,
mein Bauch ist heute feuerrot
Und morgen bin ich nur im Schatten,
der Sonnenbrand, was wir schon hatten...

Zum Schluss 1:3, mit letzter Kraft,
die Rothosen hams nicht geschafft
Ich lese weiter Stephen King,
das ist heute mehr mein Ding!

31. Spieltag
St. Pauli : Darmstadt (1:2)
The Show must go on...

Ich hab es irgendwo gehört,
bin weder traurig, noch verstört
Wir kämpften, rannten nicht davon,
verloren, *The show must go on!*

Das letzte Jahr? - Ne Sensation!
Doch Fußball können die andern schon
Noch Aufstiegschancen? - Nicht so viele
Egal, gewinnen wir noch 3 Spiele

Noch im Urlaub bin ich hier
und darauf trink ich ein paar Bier
Die tiefste Nacht, sie ist schon nah,
vielleicht werden es nur ein Paar

Was auch immer mag geschehen,
die Saison war wunderschön!
Und jetzt werden es doch ein paar,
das letzte Bier: Gleich nicht mehr da

Das Bier ist etwas alkoholisch,
und es macht mich melancholisch
Es war ein schöner Traum gewesen,
aber die Messe ist gelesen

Hab nicht gelacht,
is Schicht im Schacht
Gute Laune ist nicht im Haus,
der Grund dafür heißt *aus die Maus*

Aber egal, was andere sagen:
St. Pauli kann man niemals schlagen!

Und was war diese Saison?
(Auf Spanisch): Eine Sensaccion!
Das kommt mir alles spanisch vor,
egal, Hells Bells und Millerntor!!!

24.04.2022

Nachtrag

Gestern ham wir nichts geholt,
Darmstadt hat uns den Arsch versohlt
Wir hatten Pech, dazu kein Glück,
aber wir kommen <u>doch</u> zurück

Drum liebe Leser,
seid nicht entsetzt,
denn die Hoffnung
stirbt zuletzt

(aber sie stirbt!)

Herzschlagfinale

Nürnberg hat nun auch verloren
(ein kurzer Reim ist neu geboren)
Ich weiß nicht, wie es weitergeht,
aber es ist noch nicht zu spät!

Wenn wir nun 3 x nicht vergeigen,
bleibt es kein Fremdwort: das Aufsteigen
Wenn wir dabei 3 x gewinnen,
dann kriegen wir das locker hin...

Nur Fußball im Kopf...

Dunkle Gedanken kommen wieder,
obwohl ich es nicht will
Sie drücken meine Schultern nieder,
und ich werde still

Der Fußball ist doch nicht so wichtig
(er sollte es nicht sein...)
Die Tabelle lügt nicht, richtig?
Fang jetzt bloß nicht an zu schreien!

Werden deine Träume wahr,
oder bist du dem Dunklen nah?
Viel Leute haben hehre Ziele
Doch du? Du denkst: *Nur noch 3 Spiele!*

Wird St. Pauli es noch packen?
Die Zweifel stecken dir im Nacken

Und dann erkennst du auch mit Grausen:
Es gibt so was wie Sommerpausen
Und dann kommt die große Leere
(Du hoffst, dass sie erstklassig wäre...)

Du lässt dich leider zu sehr treiben,
nicht leicht, noch positiv zu bleiben
Hoffnung! - Nicht Resignation,
du weißt *You'll never walk alone!*

Die Dunkelheit

Die Dunkelheit, sie ist in mir
Sie ist ein kleines, böses Tier
Ich will sie wirklich nicht entdecken,
und meistens tut sie sich verstecken

Zwar denk ich oft, ich sei ja gut,
bis dann das Dunkle Böses tut
Das ist so furchtbar, dann denk ich:
Bin das Böse wirklich ich?

Eins zu erwähnen, hab ich versäumt:
Das hab ich alles nur geträumt
Das hat sich gar nicht zugetragen,
aber ich kann Böses *sagen*

Ich kann auch Böses schreiben,
aber das lass ich bleiben!
Bin ich ein „Guter"? Mh, ach nee...
Aber ich denk, ich bin OK

32. Spieltag
St. Pauli : Nürnberg (1:1)
Oder: Den Aufstieg verschlafen...

Schon wieder in der Nachspielzeit,
das war scheiße, tut mir nicht leid!
Für mich heute kein guter Tag,
und es war ein Nackenschlag

Sind nicht die Größten, ich bin nicht vermessen
Und der Aufstieg ist gegessen
Sind das denn echte Pauli-Qualen,
überholt vom Stadtrivalen?

Ich stürz mich sicher nicht ins Messer,
ein paar Vereine sind halt besser
Kein anderer Club, der ist so schräg!
Wir sind auf einem guten Weg!!!

Aber ich glaube nicht mehr dran,
dass Pauli es noch packen kann...

Zurück ist das „Pauli-Gefühl",
davon bekomm ich nie zu viel (-;
Was ein Pauli-Fan oft ist,
das ist ein Hardcore-Masochist!

Energiewende

Viele fahren
mit Bus und Bahn
Ein Pauli-Fan
fährt Achterbahn

Und die fährt leider
viel zu schnell
und schreit dich an
Welcome to hell!

Das führt in
aller Konsequenz
zurück zu der
Kernkompetenz

Nazis raus!
Nie wieder Krieg!
Viel Niederlagen,
kaum ein Sieg

Aber trotzdem, echt, Schwamm drüber,
anders wär es mir nicht lieber

Ein Märchen nur,
wir hams geträumt,
ich hätte es
nicht gern versäumt!

Die Hoffnung stirbt zuletzt
(aber sie stirbt...)

Den Braten hatt ich nicht gerochen:
alles zerstört in ein paar Wochen
War nicht nur Pech und wenig Glück,
und ratlos blicke ich zurück

Und sicherlich ist da auch Frust,
zum Dichten hab ich keine Lust
Doch es ist die Chronisten-Pflicht,
und Spaß macht mir das wirklich nicht

Der Pauli-Blues, er ist zurück,
und ich muss kämpfen um mein Glück
Muss wohl mal was anderes machen,
vielleicht kann ich dann wieder lachen

Vieles ist echt nicht mehr zu fassen,
der Fußballgott hat uns verlassen
Oder er schwebt in andern Sphären,
da, wo wir jetzt auch gern wären

Nun auch noch 9 Coronafälle,
Desaster-Area Millerntor
Mittwoch kehr ich ins Tor zurück,
das kommt mir echt viel schöner vor...

Der Aufstieg? Nie! (C'est la Vie)

Aua und Trauer
Resignation
Besser geplatzte Träume
als geplatztes Kondom...

Mal gut angefangen,
zu oft stark nachgelassen
Die Rückrunde
kann ich nicht fassen

Weiß kaum noch, was ich schreiben soll
und find das alles nicht so toll
Ich krieg hier wirklich bald die Krise
und mach hier fast ne Analyse

So klappt's bei uns nicht mit dem Siegen,
so können wir nur unterliegen
Was von der Vorrunde uns trennt:
wir gaben nicht 100%

Immer 11 Freunde auf dem Platz?
Das weiß ich wirklich nicht, mein Schatz!
Der Dichter sagt: *Ey, so ein Fuck!*
Es bleibt ein fader Beigeschmack!

2 Spiele noch und wir sind raus,
das war es dann: Der Traum ist aus!

Wenn man das, was man mit den Händen mühsam aufgebaut hat, mit dem Arsch wieder umreißt, dann ist das echt blöd. Ich wiederhole mich nicht gerne, aber ich muss es wohl:

Das liegt St. Pauli wohl im Blut
Hin und Rückrunde? Niemals gut

Am Samstag bei Schalke 04,
Tabellenführer, das Revier
Steht es zur Halbzeit 4:0,
hab ich bestimmt die Schnauze full

Ich werd frustriert
nach draußen laufen,
und mich dann
fürchterlich besaufen

Dann hört man Stephan,
wie er flucht:
Nie wieder mach ich
so ein Buch!!!

Da lass ich mich
doch lieber schlagen,
ich kann es echt
nicht mehr ertragen!

Das ist mir alles echt zu schwer,
und ich glaub, ich kann nicht mehr!

Doppeltes Comeback?

Mach dir keine Sorgen
(wegen morgen)
Alles ist möglich,
(weltklasse bis kläglich)

5 Spiele haben wir nicht gewonnen,
manch Aufstiegstraum ist nun zerronnen
Auch ich war sehr, sehr lange weg
(19 Monate, vorgestern Comeback)

Um mich geht dieses Buch hier nicht,
bin doch eher bescheiden -
Doch Dichter *und* Torwart nun hier spricht,
und auch ein Fan (mit Leiden)

Noch sind wir am Leben,
noch wird nicht aufgegeben
Ey Fußballgott (du olle Flunder),
nun sorg mal wieder für ein Wunder...

Dunkle Gedanken sind weggezogen,
Melancholie, sie ist verflogen
Spannung pur und keine Sorgen,
und ich freue mich auf morgen

Und hoffe dann auf gutes Bier
und Sieg bei Schalke (S04)

FG returns

Kaum hatt ich das Gedicht geschrieben
und meine Sorgen damit vertrieben,
stand er hier in meinem Zimmer:
Ey du, mach's hier nicht noch schlimmer!

Auch ich muss mich nun gar nicht schämen,
ich darf ja auch mal Urlaub nehmen!
2 Siege noch?, wär großes Glück,
ich jedenfalls bin nun zurück!

Heut Abend machen wir's uns schön
(Düsseldorf gegen Darmstadt sehen)
Und morgen Abend (im Revier)
vielleicht ein Sieg gegen S04

Alles ist noch immer offen,
und wir können noch immer hoffen
Die Aufregung hat sich gesetzt,
und die Hoffnung stirbt erst zuletzt...

Ein Hoffnungsschimmer

War abends nicht allein zu Haus,
der Fußballgott gab einen aus
Es war wohl das schlechte Gewissen,
bei Pauli lief's zuletzt beschissen

Der Fußballgott hat Glück gebracht,
ich kann gut schlafen, heute Nacht
Darmstadt hat gerade vergeigt,
die Hoffnung für St. Pauli steigt

Und morgen dann bei Schalke siegen
(dann bleibt die Hoffnung auch nicht liegen)

Die Stimmung ist jetzt eher heiter,
und morgen geht's mit Fußball weiter
Darmstadt vergeigt in Düsseldorf,
das ist für Pauli wirklich schorf

Tordifferenz gibt nicht viel her,
da haben die andern doch viel mehr
10 Pauli-Tore morgen im Pott
wären für den Aufstieg wirklich hot
(bring uns ein Wunder, Fußballgott!)

Schiller hat sich bei ihm beschwert,
bei Pauli lief vieles verkehrt
Endlich ist er wieder da,
vielleicht macht er ein Wunder wahr...

Spannung pur

Heute geht die Reise weiter,
und wir sind krasser Außenseiter
Im Aufstiegskampf eher nicht dabei,
vielleicht macht das die Köpfe frei

Mögen die Spiele beginnen,
wir können nur gewinnen
Und auf der Rechnung hat uns keiner,
da wär ein Sieg ja noch viel feiner

Der Dichter glaubt nicht mehr daran,
dass Pauli noch aufsteigen kann

Wird dieser Abend unvergesslich? -
Die Spannung ist schon unermesslich
Die Freibeuter auf hoher See
tun heute mal den Schalkern weh

Zwischenstand
(nachmittags, 16 Uhr)

Der HSV hat vorgelegt,
er ist jetzt auf Platz 2
Wenn wir 17:0 gewinnen,
ziehen wir an ihm vorbei

Das wird vermutlich nicht geschehen,
mir reicht es, unsern Sieg zu sehen

Ich selber, ich kann echt nicht klagen,
mein Sieg, der war vor 3 Tagen:
Endlich wieder im Tor zu stehen,
war unbeschreiblich, wunderschön

Mit Brille, nicht einmal geschielt,
und besser hab ich nie gespielt
Wieder im Tor, ein Riesengewinn,
und logisch, dass ich dankbar bin!

Gewinnen oder auch Verlieren,
da kann ich gar nichts tun
doch irgendetwas wird passieren,
es hilft, mich auszuruhen

Runterkommen, das wär schön,
drum werd ich gleich nach draußen gehen
Versuchen, mich da abzulenken,
und mal nicht an Fußball denken...

33. Spieltag
Schalke : St. Pauli (3:2)

Der Traum ist ausgeträumt

Schalke ist gestern aufgestiegen,
wir konnten wieder mal nicht siegen
Im Moment kann ich nicht mehr,
und ich fühle mich so leer...

Klar, das Leben, das ist schön
und irgendwie wird's weitergehn
Wenn ich auch grad nicht weiß, wie,
doch das ist nur Melancholie

Nächste Saison, in Liga 2,
ist Pauli wieder mit dabei
Unser Weg wird weitergehn,
doch dieser Tag, der ist nicht schön

Tragik ist wie Liebe
ohne Happy End
Und eines ist wirklich sicher:
Dass die Tragik St. Pauli kennt

Wir haben wieder abgelosed,
und ich hab den St. Pauli-Blues...

Lucky Loser
oder: Verlieren muss man können...

Manchmal ist Fußball
echt zum Flennen,
aber man muss
verlieren können

Lebbe geht weiter,
auch wenn man verliert
Lebbe geht weiter,
egal, was passiert

An guten und an
schlechten Tagen,
da kann man auch mal
Scheiße! sagen

Im Juli geht's
dann wieder los
Meine Erwartung?
Grenzenlos! (-;

So ist das Leben...

Ist es hier manchmal
auch zum Schreien,
nur St. Pauli
ist mein Verein!

Kaviar-Hunger,
Champagner-Durst,
zur Not geht Bier
und Currywurst

Es gibt halt Träume,
die sich nicht erfüllen,
doch es gab schöne Momente,
und viel Freude, im Stillen

Wir wären gerne ganz weit oben,
wo 1. Liga-Stürme toben
Doch weiter geht's mit Zweiter Liga
(und manchmal ist St. Pauli Sieger)

Die Hinrunde, war sie ein Traum
oder reine Fantasie?
Egal, das Leben, es geht weiter
in der Pauli-Family

Und die allerschönsten Träume,
die sterben wirklich nie...

Ein Rückblick

Nur ein Spiel noch auf der Uhr,
was da eher fehlt, ist Spannung pur
Selbst Fußballgötter kriegens nicht hin:
Der Aufstieg, der ist nicht mehr drin

Doch! Es war meistens wunderschön,
sich die Spiele anzusehen
Manchmal war's mies und solala,
aber meistens wunderbar

Die Träume zerschellten, sie endeten kläglich
Nicht alle Wunder sind halt möglich

So wie:

Wir, die Meister aller Klassen,
unser Erfolg ist nicht zu fassen
Auf den Bestsellerlisten bin ich drauf,
Pauli steigt in die 1. Liga auf

Leider war das halt nicht drin,
wir bekamen es nicht hin
Oft war's nur ein halbvolles Glas,
aber wir hatten unsern Spaß

Und deshalb war es auch ein Sieg,
gefühlt fast so wie Champions League (-;

Ein Torwart-Gedicht

Nein, im Abseits steh ich nicht,
hier kommt ein Torwart-Gedicht

Im Ernst: Ich bin unendlich froh
(Und gut im Tor ja sowieso...)
Ewigkeiten war ich weg,
und dann kam doch noch das Comeback

2 Spiele, beide gingen verloren,
als Keeper wieder neugeboren
Und an mir, da lag es nicht
(was für mein Selbstvertrauen spricht)

Wir gewinnen zusammen,
und wir verlieren zusammen

Der Torwart ist es, der nie pennt,
gibt immer 100%
Sein Herz im Spiel wird nie gebrochen,
aber es geht voll auf die Knochen

Nein, ihr hört nicht, wie Stephan stöhnt,
bald hab ich mich daran gewöhnt
Riesenfreude in meinem Herzen
(und überall hab ich noch Schmerzen...)

Aber, damit ihr es versteht:
Die Freude bleibt, der Schmerz vergeht!

15.05.2022

Abschied ist ein schweres Schaf,
äh, scharfes Schwert...

Abschied ist ein scharfes Schwert,
das auch so tief ins Herz dir fährt
(Roger Wittaker)

Der letzte Tag dieser Saison
(für Pauli), Aufstieg schwamm davon
Die Träne im Knopfloch, bitte verzeih:
ein bisschen Wehmut ist auch mit dabei

Für mich war's wirklich gar kein Fluch,
das Arbeiten an diesem Buch
Das war eher noch ein Segen,
selten musst ich mich aufregen

Manchmal hab ich laut gelacht,
manchmal war ich aufgebracht
Die Hinrunde, ein reines Fest,
die Rückrunde mit etwas Stress

Die Hinrunde kostete Kraft,
den Aufstieg haben wir nicht geschafft -
Davon konntest du sehr viel lesen,
bist quasi mit dabei gewesen

Ein Mal war ich im Stadion,
das war im August
Heute ist das zweite Mal,
ich spüre keinen Frust

Ich freu mich drauf, dabei zu sein,
am Millerntor, im Sonnenschein
Die Gegengerade, wie Kölle alaaf,
und Abschied ist ein schweres Schaf

Die Sommerpause, die große Leere,
wie gesagt, das Schaf, das schwere
Werd dieses Buch mit Bier begießen,
den Sommer einfach mal genießen

Grad sind wir Hamburgs Nr. 2,
im Aufstiegsrennen nicht mehr dabei
Relegation HSV?
Noch weiß man es nicht so genau

Am Nachmittag sind wir dann schlauer,
dann kennen wir den genauen Fakt,
schauen wir mal, sagt Beckenbauer -
hat HSV es auch verkackt?

Denn tut der HSV verlieren,
kann noch Folgendes passieren,
verliert er, wird er Vierter
Pauli als 5. mit dabei
(das wär dann Hamburgs Nr. 2 (-;)

FC St. Pauli – Back to the Roots

Heute haben wir alle Spass,
und holen die Goldene Ananas
Und falls uns denn ein Sieg gelingt,
ist das ein Sieg, der nix mehr bringt

Nur einmal noch St. Pauli sehen,
dann in die Sommerpause gehen,
da wär ein Sieg zum Abschied schön

Rekorde müssen nicht mehr purzeln,
wir gehen zurück zu unseren Wurzeln
Gut Kicken gehört nicht dazu,
die Leser schreien ganz laut BUH

OK, seit Januar letztes Jahr
war guter Fußball plötzlich da
Vielleicht kommt er wieder zurück,
doch *Pauli*, das bedeutet Glück

Du kannst lachen, weinen, scherzen,
und hast Pauli in deinem Herzen,
es ist egal, in welcher Liga,
mit Pauli bist du *immer* Sieger

Pauli ist *nicht* nur ein Verein,
das nun wirklich gar nicht, nein!
Pauli ist der Sinn des Lebens,
auch Niederlagen sind nicht vergebens...

Dumm gelaufen...

Nun wird doch nicht
zum Spiel gegangen,
ich habe mir was
eingefangen

Das Mitfiebern,
und am TV,
so was ist doch
eher schlau

Wenigstens der
Corona-Test
gab meiner Laune
nicht den Rest

Ein bisschen geh
ich gleich spazieren,
und hoffe, dass wir
nicht verlieren

Und meine Quote
bleibt bestehen:
Im Stadion
nur Siege sehen

Zugegeben, es war
nur einer
(Lokalderby),
aber kein kleiner!

La Grande Finale
34. Spieltag
St. Pauli : Düsseldorf (2:0)

1. Halbzeit
Oder: Endlich Sommerpause

Das Zuschauen war keine Qual,
das Spiel war eher rustikal
Mittleres Zweitliganiveau,
da macht die Sommerpause froh (-;

Ich bin nicht gerne ungerecht,
die 1. Halbzeit: richtig schlecht
Fast sprachlos macht mich dieser Kick:
Nur wenig Können, und kein Glück

Zum Glück bin ich nicht bei den Fans,
2. Halbzeit? Konferenz!
Sonst schlaf ich hier echt noch ein,
und bin am Zetern und am Schreien

Mein Gott, was für ein lahmer Kick,
mein altes Pauli ist zurück!
Meine Spannung? Unterkühlt,
den Aufstieg haben wir voll verspielt

Wie Schlittschuhlaufen ohne Kufen,
das Potential nicht abgerufen...

2. Halbzeit
Oder: Fast ein Happy End...

Die 2. Halbzeit? - Spannung pur,
(für Dichter eine kleine Kur)
Wird St. Pauli doch noch wach?
Oder spielen wir weiter schwach?

Ein Titel ist sicher, und wie heißt er?
Der Titel ist der Heimspielmeister
Da ist der Meister im Versieben
auf dem 1. Platz geblieben (-:

Tut mir echt leid für Hohn und Spott,
die Rückrunde war ein Bankrott
Sie war wirklich nicht der Hit,
und das nahm mich etwas mit

Die Konferenz ist voll das Geile,
und auf dem Kiez herrscht Langeweile
Auf allen Plätzen wird gekämpft,
nur auf St. Pauli wird gepennt

OK, ich nehm's wieder zurück,
das 1:0, und endlich Glück

Du musstest meinen Spott ertragen,
doch bestes Pauli seit 10 Jahren
Der 5. Platz nun, immerhin,
und mehr war für uns echt nicht drin

Der Sieg kam leider viel zu spät,
es fehlte Kontinuität

Auf mein St. Pauli *bin* ich stolz,
denn oft haben wir sehr gut gebolzt
Nur diese 34 Spiele,
waren für den Aufstieg echt zu viele

Der andere Hamburger Verein
ist momentan noch nicht am Schreien
Zwei Spiele gegen Hertha BSC,
die ich mir im TV anseh

Nicht immer werden Träume wahr,
aber wir waren ganz, ganz nah
Wären wir früher aufgewacht,
dann hätten wir's vielleicht geschafft

Nächste Saison, ein neues Glück?
Vielleicht kommen Märchen ja zurück...

Vereint in Liga 2, Hamburg ist dabei

Gestern warn Hamburgs Fans vereint,
zum Schluss, da wurde doch geweint
Es wurde kein Mittel gefunden,
der HSV, er bleibt mit unten

Gestern war ich schwarzweißblau,
und fieberte auch mit,
trank Holsten (was ich nicht gern mag..)
Auch mich nahm das Ergebnis mit

Ich bin und bleibe Pauli-Fan
und schreibe Gedichte, as much as I can
Doch bevor ich von dannen zieh:
Auch Rothosen kriegen Sympathie

Sie kommen zurück mit sehr viel Kraft,
nächste Saison Stadtmeisterschaft -
Vielleicht steigen beide auf, mit Glück
(der Titel geht an uns zurück!()

Viel mehr kann ich nicht dazu sagen:
Heute wird Hamburg Trauer tragen
Aber (so ist der Weltenlauf):
Die Sonne, sie geht wieder auf!

Ich kann nicht aufsteigen
(Frei nach TikTok)

(„Warum schiebst du denn dein Fahrrad?"
„Ich kann nicht aufsteigen,
ich bin aus Hamburch!")

Ich bin aus Hamburg,
meiner Stadt,
und ich schiebe
nun mein Rad

HSV und Pauli?
Zu viel am Vergeigen,
und deshalb können wir
nicht aufsteigen...

Sommerpause

Das Buch ist
in den letzten Zügen
Es war ein Spaß,
ohne zu lügen!

4 Wochen bis
zum Ligastart
Zweitligafußball
(das ist hart (-;)

Das wird zwar
schön für Stephan, nur
bis dahin brauch ich
noch ne Kur

Diese Saison
hat mich geschafft,
aber ich tanke
wieder Kraft

Bevor ich nun
von dannen zieh,
noch etwas
Reim und Poesie…

Letzte Woche,
gigantisch, nicht klein,
im Volksparkstadion
(Rammstein!)

Es war kein Fußball,
„nur" Kultur,
ein Vorgeschmack
auf meine Kur

In Gedanken,
am Meer, der See,
der Nichtaufstieg
tut nicht mehr weh

Ich lieg am Strand
und hör die Wellen
Ein Hoch auf Pauli
und Rebellen (-;

Ich hebe mein
(halbvolles) Glas,
und hoffe du
hattest hier Spaß!

Nächste Saison
sehen wir uns wieder,
im Stadion
und in der Liga...

Inhaltsverzeichnis

April 2022

Mai 2022

Mai 2022

Juni 2022

STEPHAN DE VOGEL

DAS HERZ VON ST. PAULI (SCHLÄGT IMMER NOCH...)

Mein erstes Buch mit Fan-Gedichten rund um den FC St. Pauli. (eBook 4,49 €, Buch 6,90 €)

Das war die Nr. 2, vom Preis her etwas kleiner.
(eBook 2,49 €, Buch 5 €)

Und das war die Nr. 3 (gebunden 18,99 €). Von diesem Buch gibt es eine überarbeitete Neuauflage im Taschenbuchformat. (eBook 6,99 €, Buch 9 €)

Tja, und das hier ist der 1. Teil meines dichter-
ischen Saisonrückblicks einer unvergesslichen
Zweitligasaison des magischen FC St. Pauli...
(Taschenbuch 4,99 €, eBook 2,99 €)

STEPHAN DE VOGEL

BESCHERUNG BEIM FC ST. PAULI?
EIN DRAMA IN ZWEI AKTEN –
2. TEIL

NEUE FAN-GEDICHTE

Und ein kleines Drama – ohne Happy End – habe ich auch noch dichterisch begleiten dürfen. (Taschenbuch 5,99€, eBook 3,49 €)

Das ist der Gedichtband über die sensationelle Hinrunde der Saison 2021/2022.
Taschenbuch 7,99 €, Kindle 5,49 €

Angaben zum Autor

Stephan de Vogel, 55 Jahre alt. Ich lebe und arbeite in Hamburg.

Seit über 30 Jahren bin ich Fan des FC St. Pauli und gehe zu den Heimspielen am Millerntor. Seit 2005 habe ich eine Lebenslange Dauerkarte beim FC. Die zu bekommen, war fast so schön wie ein Sechser im Lotto.

Schon mehr als drei Jahrzehnten schreibe ich Fußball-Gedichte, speziell über den besten Verein des bekannten Universums..

Außerdem bin ich Mitglied im heiligen FCSP, in der Marathon-Abteilung. Seit 9 Jahren bin ich immer wieder mal Abteilungstorwart bei den Marathonis und auch als Torwart bei Freizeit-kickern im Park im Einsatz. (Wenn nicht gerade mal wieder eine Pandemie oder Verletzungen dazwischen kommen.)

In der Saison 2022/2023 möchte ich wieder öfter ins Stadion gehen als in der vergangenen Saison. Und ich möchte, dass die Erfolgsquote genauso bleibt (100% Siege und ein gewonnenes Lokal-derby (-;) Genau genommen wären das dann in der nächsten Saison17 Heimsiege. Da hätte ich wirklich nichts dagegen...

Wo ist viel Schönes,
auf der Welt?
Hier unten,
auf dem Fußballfeld

Der Ball hier,
der ist noch allein
(Das muss die
Sommerpause sein...)

Mit diesem Buch
ist leider Schluss -
Ich hoffe, da ist
kein Verdruss

Tut mir Leid,
in echt, das war's
Ich hoff, du hattest
ganz viel Spaß

Bist du nun älter
oder jung,
mach doch mal
einen Freudensprung!